Sexuelle Leidenschaften

Wolfgang Fischer

Sexuelle Leidenschaften

Oase der Lust

Bibliografische Information der Deutschen Nationalbibliothek
Die Deutsche Nationalbibliothek verzeichnet diese Publikation in der
Deutschen Nationalbibliografie; detaillierte bibliografische Daten sind
im Internet über http://dnb.d-nb.de abrufbar.

© 2012 Wolfgang Fischer
Satz, Umschlaggestaltung, Herstellung und Verlag:
BoD – Books on Demand
ISBN 978-3-8482-5579-5

Inhalt

Oh letze Nacht

Oh letzte Nacht, da hatte ich einen Traum, du saßest
auf einem Ast in einem Baum!
Ich stand da unter und war ganz munter.
Du hattest nicht mal an, ein Höschen und ich
schaute,
in dein kleines Möschen.
Man glaubt es kaum, in diesem wunderschönen
Traum,
da war dein Möslein voller Schaum!
Ich wollte dich rasieren, aber du tatest dich noch
zieren.
Der Traum, der wurde immer besser.
Du hast gerufen, hol und mach scharf dein Messer!
Ich musste mein Messer, erst mal schleifen, dabei
bekam ich, einen Steifen.
In diesem Traum, da ging's noch weiter, du hast
gerufen:
„Besorge dir eine Leiter!"
Die Leiter, habe ich sofort gefunden.
Die stellte ich an dem Ast, bei den Brüsten, den
runden.
Nun musst du mich, ganz schnell rasieren,
ich fange langsam an zu frieren.
Ihre Augen fingen an zu leuchten und Sie sagte:
„Du musst mich erst einmal befeuchten."
Ich fing jetzt an, Sie zu rasieren, da musste einfach
was passieren.
Ich war mit meinem Messer ganz nah bei Ihrer Ritze.
Da fing mein kleiner, an zu spritzen!

Ich wachte auf, der Traum war weg, als ich aufstand
war in meinem Bett, ein Fleck!
So eine wunderschöne Nacht,
was so ein Traum so alles macht.

Hamburg, 7. August 1998

Erotisches zur Nacht!

Der Freier und das leichte Mädchen.
Man nannte sie Lola, die geile Schlange, komm Lola
massier mir meine Stange.
Das sagte immer Kurt, der geile Knochen, er kam
zweimal die Woche, zu Lola gekrochen.
Er wollte Sex, das war doch klar, weil er meinte, dass
Lola die Geilste war!
Nun war es wieder einmal so weit, da machte sich
Kurt auf der Pritsche breit.
Gekonnt massierte nun Lola seine Stange und sagte
zu Kurt, das dauert heute aber lange.
Nun spuck in die Hand und Wichs meinen leer, hab
bloß keine Angst ich Zahl heut auch mehr.
Lola die zupfte und Kurt wurde seinen Samen los
und der Samen, der spritzte auf Lolas Schoß.
Kurt war glücklich und ging nachhause, Lola war
auch froh und machte eine Pause,
doch Karl der Dicke, stand schon vor der Tür und
rief so laut er konnte.
Lola mach' auf, ich bin so geil, ich kann nichts dafür.
Die Tür wurde nun aufgemacht und Karl hat sich
gefreut und laut gelacht.
Komm du Geile Lola, du musst mich reiten und mit
deinem Finger in meinen After gleiten.
Nun fing Karl laut an zu stöhnen, ach Lola ich
würde dich gern verwöhnen!
Doch es geht nicht, das weißt du auch so, ich mag
doch lieber deinen Finger in meinen Po.

Nun Lola gib' mir die Sporen und ich fühle mich,
wie neu geboren.
Nun kneif mir ganz schnell noch, in die Eier,
Dann bist du mich los, den „Pferde-Freier"!
Er zog sich an und hat bezahlt und er hat von Kopf
bis zum Arsch gestrahlt.
Lola war nun alleine, Sie wurde die Geile genannt,
aber keiner von ihren Freiem , hat sie wirklich ge-
kannt.

2. August 1996

Der Ehemann und die Geliebte

Alfred spürte es sofort, wenn sein Handy piepte,
das war bestimmt wieder seine Geliebte! Mein lieber
Alfred, kommst du heute Abend zu mir,
ich stell dir auch hin, zum trinken, dein Bier.
Mein lieber Schatz, sei mir nicht böse, aber mir juckt
schon wieder die Möse!
Ja liebe Laura, das weiß ich doch, Ich freue mich
doch auch schon, auf dein feuchtes Loch.
Der Abend war gekommen und Alfred war da,
Ihr könnt euch schon denken, was da alles geschah!

Ach liebste Laura, mein alter Drachen, wollte gestern
mit mir, eine Nummer machen.
Und hast du es gemacht, Laura musste lachen.
Aber nein, ich habe mich krank gestellt, bin dann
sofort ins Bett geschnellt.

Bei dieser Aussage war Laura doch froh, Sie ging sich
jetzt waschen die Muschi und den Po!
Als sie nun war vom Klo gekommen, hat Alfred sie
in den Arm genommen.
Sie trug nur ein durchsichtiges Höschen und Alfred
küsste und küsste ihr Möschen!
Er war so geil, sein Herz fing an zu pochen, auch
sein Penis der zuckte Sie nannte ihn Rochen.
Auch bei Laura, fing die Muschi an zu jucken.
Oh Alfred oh Alfred, steck schnell rein und tu
spucken!

Sie fingen beide an zu schreien, da sagte Alfred ist es
nicht schön mit uns zweien!
Sie trieben es beide, bis morgens um Vier, da ruft
Alfred:
„jetzt bin ich kaputt, jetzt brauch ich mein Bier!“
Er schaute auf die Uhr und sagte ich muss nach
Haus, ich mag gar nicht dran denken,
oh was für ein Graus, dann will sie wieder Sex von
mir,
der alte Dachen und Laura musste innerlich lachen!
Sie dachte innerlich, das geschieht dir recht.
Denn deine Liebe zu mir,
ist auch nicht echt!

16. Juni 1996

Egon und Paula

Egon war jung und hatte eine Glatze, für sein Alter
war er ganz gut auf der Matratze!
Paula war älter und schon in den Jahren,
dafür war Sie aber in der Liebe erfahren!
Sie brauchte nur seine Glatze zu streicheln,
dann sprangen vor Wonne im Sack, seine Eicheln.
Sie machte Ihn scharf, weil er das so wollte
und sie es sich selber, besorgen sollte!
Nun wurde er wild und fing an zu stöhnen:
„Ach bitte Ach bitte, du musst mich verwöhnen."
Auch Paula, kam jetzt so richtig in Fahrt,
„komm her ich nehme ihn in den Mund, jetzt ist er
schön hart!"
Oh Egon oh Egon, meine geliebte Glatze,
wenn es dir kommt, dann gehen wir auf die Matratze.
Du musst mich dann, ordentlich lecken,
solange lass ich den Finger in meiner Dose noch
stecken.
Er walzte mit seiner Zunge, bei ihr hin und her,
spritzte seinen Rüssel, bei ihr in den Mund leer!
Paula die schluckte und bekam keine Luft,
das war aber reichlich, du geliebter Schuft.
Den Rest den schmierte Sie auf Egons Glatze
und man hörte wie Sie mit dem Rest noch
schmatzte.
Nun leckte auch Egon, erneut ihre Spalte
und Sie hat sich gefreut, so geil war die Alte!
Sie kam immer höher und höher mit ihrem Popo.
„Oh Egon oh Egon, du machst mich so froh."

„Es kommt mir, oh Egon, nun steck in schnell noch
mal rein,
dann kommen wir zusammen, das wäre doch fein!"
Ja Egon, war wirklich gut, auf der Matratze und
Paula, streichelte dabei seine Glatze!
Egon war unübertroffen, alles andere bleibt offen.

2. Mai 1997

Erotisches aus Russland

Igor war Spezialist im lecken,
da brauchte er sich wirklich nicht zu verstecken.
Er machte fünfzig Anschläge in der Minute, doch
das war ihr zu wenig,
der geilen Stute.
Sie hieß Natascha, man nannte Sie die geile
Schlange.
Sie stand nur aufs lecken, aber nichts mit der Stange!
Doch so sehr Igor mit der Zunge auch schmatzte,
wurde Sie so wütend, dass Sie beinahe platzte.
Es ging ihr zu langsam mit der Schleckerei,
Sie war kurz vor dem kommen, doch dann war es
wieder vorbei.
Igor wurde nun langsam nervös und steckte, einen
Finger in ihre Mös,
nun kam sie hoch mit ihrem Popo, man könnte nun
meinen, Sie wäre froh.
Doch dem sollte es immer noch nicht so sein,
nun steckte Igor den anderen Finger, in den After rein!
Nun fing sie heftig an zu stöhnen:
„Ja, Igor so solltest du mich immer verwöhnen."
Igor wollte nun die Stute bespringen,
doch Natascha war eigen in solchen Dingen.
Sie mochte nicht, dass ein Mann Sie besteigt
und mit ihrer Muschi geigt!
Igor spritzte, nun auf ihren Bauch, das war Ihr egal,
dass mochte Sie auch.
Den Samen hat sie sich auf ihre Brust gerieben
dass war wirklich wahr und nicht übertrieben!

Nachspeise hat sie es genannt und Igor schaute zu
ganz gebannt,
wie Sie es sich, von den Händen schleckte und Sie
genüsslich grinste,
als ob Ihr es schmeckte.
Igor ging danach nach Hause,
Natascha ging Baden, unter der Brause.
Wie schön, kann doch Erotik sein,
wenn man es zu zweien macht und nicht allein.

12. August 1997

Erotisches verlangen

Sie war jung und kaum Zwanzig Jahre,
Sie hatte lange blonde Haare.
Sie trug gerne kurze Röcke, denn Sie wusste,
da wurden sie scharf, die Männer, die geilen Böcke.
Auch ihre vollen Brüste erzeugten bei Ihnen,
Wahnsinns Gelüste.
So war es auch, bei Alex der aussah wie eine Ratte,
wenn er Wanda nur sah stand bei ihm schon die
Latte!
Er wusste genau, er konnte bei ihr nicht landen,
nur er wusste nicht warum, dass hat er nicht verstan-
den.
Er stand hinter der Gardine und konnte es kaum
erwarten,
hoffentlich geht seine Nachbarin, die Wanda, bald in
den Garten.
Sie kam in den Garten und es schien die Sonne,
Sie legte sich auf eine Liege und räkelte sich, vor
Wonne.
Sie konnte Ihn nicht sehen, aber sie wusste genau,
der Alex, wird wohl hinter der Gardine stehen.
Nun streichelte Sie ihre Brüste,
das erzeugte bei Alex wonnige Gelüste.
Sie wusste genau, dass machte Ihn an und wirklich,
der Alex wichste nun seinen kleinen Mann!
Wanda bewegte Ihre Hand, nach unten wo die Mu-
schi tut sitzen,
als Alex das sah fing sein Glied an zu spritzen!

Wanda machte es jetzt auch alleine, steckte einen
Finger in ihre Muschi
und mit der anderen Hand, streichelte Sie ihre Beine.
Den Alex wollte Sie nur reizen und Sie tat nun Ihre
Beine spreizen
den Alex den konnte sie nicht leiden, drum ließ Sie
Ihn auch sexuelle Qualen leiden.
Doch andere Männer, durften alles bei ihr machen,
aber über Alex konnte sie nur lachen,
da wollte sie dann selber gerne blasen.
Da wurde sie geil, das brachte sie zum rasen.
Der Arme Alex, der musste leiden! Aber er war ja
bescheiden.

15. Oktober 1997

Das nimmer satte Mädchen.

Ich kannte mal ein Mädchen, die wollte immer mehr,
doch beim zweiten Mal war meine Spritze leer.
Das machte Sie so böse, nun spielte Sie alleine an
ihrer Möse.
Als ich das nun musste sehn, da fing meine Spritze
sofort an zu stehen.
Nun fing Sie an zu lachen und Sie sagte ich soll es
mir auch selber machen,
doch bei mir wollte es nicht kommen, da hat sie ihn
in den Mund genommen!
Sie saugte Ihn nun wie ein luftholender Barsch und
Sie steckte,
einen Finger bei mir in den Arsch.
Das war so schön, es fing an zu Jucken und Sie sagte,
ich soll Ihr doch den Mund voll spucken.
Ich habe Ihn nun auch leer geschossen, Ich glaube
sogar,
Sie hat es genossen, denn sie fing genüsslich an zu
schmatzen.
Es war so viel,
ich hab geglaubt der Mund würde ihr platzen.
Ich hab nun geglaubt es würde Ihr reichen,
doch Sie fing erneut an zu massieren meinen Weichen!
Er wurde hart, wer hätte das gedacht,
nun habe ich es Ihr erneut mit der Zunge gemacht.
Sie war zufrieden und ich war K.0.,
aber bei den Männern, ist es nun mal so.
Sie war noch munter und Sie sagte, ich soll es noch
mal versuchen,

doch ich war kaputt und fing an zu fluchen!
Nun aber ehrlich, ich will nicht übertreiben,
Sie fing erneut an, bei sich zu reiben!
Da soll einer die Frauen begreifen,
bei mir ging nichts mehr, ich bekam keinen steifen!

Hamburg, 13. November 1997

Unser Hausverwalter!

Er war kein junger, Nein, er war schon ein Alter.
Er sollte einmal eine Leitung dichten, denn das ge-
hörte zu seinen Pflichten.
Er schraubte das Rohr mit seiner Zange.

Oh was war denn das?
Was wollte die Hand, an seiner Stange?
Rosi die Junge Mieterin, Sie seufzte: „Leg deine
Zange hin."

Ich darf nicht, sagte der Verwalter und außerdem,
bin ich schon ein Alter.
Das macht doch nichts, das soll nichts heißen und
wollte ihm, in die Knolle beißen!
Da wurde der Verwalter böse und Kniff der Rosi, in
die Möse.

Er sagte, sie soll sich erst einmal setzen, Er möchte
sie doch nicht verletzen.
Enttäuscht setzte sie sich, in den Sessel hin und hatte
sofort, den Finger, in ihrer Muschi drin.
Ich bin so scharf, was soll ich nur machen? Da
musste der Verwalter doch noch lachen.

Ich werde dir helfen, du schöne Mieterin und legte
seine Zange hin.
Er zog sich seine Hose aus und massierte seinen
kleinen Klaus.

Nun war die Rosi, total erregt und hat ihren Popo
hin und her bewegt.

Nun fing sie auch noch an zu stöhnen, hast du einen
großen, so einen Schönen!
Oh ja doch, so ist das mit den Alten und er konnte
seinen Samen, nicht mehr halten.
Er spritzte der Rosi voll ins Gesicht und dachte da-
bei, so ist meine Arbeit, das ist meine Pflicht.

Die Rosi war glücklich und konnte es nicht begreifen.
Der Verwalter, der hatte immer noch,
einen steifen!

16. August 1998

Der Einbrecher

Susanne war alleine zuhause und sie stand unter der
Brause.
Sie war gerade fertig mit dem Duschen und sie
suchte ihre Puschen!
Nun zog sie sich an ihr Höschen und dabei betrach-
tete sie ihr Möschen.
Sie war mit ihren Gedanken schon beim naschen, da
hörte sie ein leises Rascheln.
Es ist Hans, der Einbrecher gewesen, der machte sich
zu schaffen am Fenstertresen.
Susanne hat es sofort erkannt und ist zum Fenster
hin gerannt.
Sie ahnte, dass kann der Hans nur sein, denn der
steigt immer durchs Fenster ein!
Ich werde verfolgt, bitte lass mich doch bei dir ver-
stecken, ich werde dich dafür auch lecken.
Susanne wurde rot bei diesem Gedanken und wies
den Einbrecher in die Schranken,
doch innerlich war sie sehr erregt und hat ganz
schnell noch überlegt.
Also, gut Hans! Du sollst mich lecken und ich werde
dich dafür verstecken.
Ich setze mich hin, auf einen Stuhl und du leckst
mich dann ganz cool.
Aber erst werden dir die Hände auf den Rücken
gebunden,
du sollst nicht begrabschen, meine Brüste, die
Runden!

Die Hosen, musst du anbehalten, dann darfst du
deines Amtes walten.
Knie dich hin, mein liebes Hänschen.
Vollführe mit deiner Zunge, in meiner Muschi, ein
Tänzchen
und auf meinen Kitzler, so dass ich einen Orgasmus
kriege und dann mach sofort ne Fliege!
Doch du sollst in die Hose spritzen, aber nicht bei
mir in meinen Ritzen.
Das ist die Strafe Einbrecher Hans, dass du nicht
darfst bei mir mit dem Schwanz!
Steige nie wieder durchs Fenster ein,
dann brauchst du nicht Spritzen in die Hose rein!

19. August 1998

Der Staubsaugervertreter

Marianne war ein prüdes Mädchen, sie mochte keine
Jungs, sie mochte nur Mädchen.
Jungens die konnte sie nicht begreifen, die haben
doch immer nur einen Steifen.
Doch wenn sie nur an Mädchen dachte und sie es
sich selber mit dem Finger machte,
das war doch herrlich, das war doch schön, da fing
sie vor Aufregung an zu stöhn.
Doch eines Tages, es klingelt ganz laut, Sie hat vor
Wollust, sich nicht getraut,
Die Tür zu öffnen, wer da wohl sei, denn dann wäre
es mit dem Orgasmus vorbei.
Da es hat schon wieder geklingelt, nun ist sie ganz
schnell zur Tür hin getingelt.
Sie war außer Atem, das ist doch klar, weil sie doch
kurz vor dem Höhepunkt war.
Sie schaute raus, es war ein Staubsaugervertreter.
Sie sagte zu ihm, kommen sie doch später.
Doch der Vertreter, hat den Braten gerochen und es
fing an zu kribbeln, an seinem Knochen.
Fräulein Marianne, ich möchte bei ihnen saugen,
denn ihr Alter Staubsauger soll nichts mehr taugen.
Marianne dachte, was für ein Graus, nun kommen
sie bloß rein und packen ihn aus.
Der Vertreter erschrak, was soll er jetzt wohl machen?
Meinte sie jetzt seinen Pimmel oder die Staubsauger
Sachen?
Aber er hat sofort, nach seinem Pimmel gegriffen,
Marianne hat es noch gar nicht begriffen.

Sie war noch sehr erregt von dem was vorher gewesen
und sie sagte sofort, steck rein deinen Besen.
Sie wusste gar nicht mehr was ihr geschah, Oh
Agnes, oh Agnes! Du Geliebter Mann
und sie schaute dabei den Vertreter an.
Sie dachte an ein Mädchen, das war doch klar, aber
so schön wie heute es noch niemals war.
Der Vertreter, kam öfter und hat sie geliebt, was es
doch für seltsame Menschen gibt.

22. August 1998

Die Magd und der Knecht

In einem kleinen Dorf bei Pisa, da lebte auf einem
Bauernhof die Luisa.
Sie war Magd und konnte gut melken, doch sie war
jung und sie wollte nicht verwelken!
Sie war beim melken und saß dabei auf einen Hocker
und massierte bei den Kühen, die Zitzen, ganz
locker.
Dabei war sie Immer sehr erregt und hat ihren Popo,
hin und her bewegt.
Da fing sie auch noch an zu stöhnen und dachte ach
würde doch bloß ein Mann mich verwöhnen!
Doch eines Tages, da war es soweit, da machte sie
wirklich die Beine breit.
Denn der Knecht Arturo war auf den Bauernhof
gekommen und er hatte seine Arbeit aufgenommen.
Er ging in den Stahl und sah Luisa, auf ihrem Hocker
sitzen.
Als er das sah, fing er furchtbar an zu schwitzen.
Sie wackelte mit ihrem Hocker, hin und her, doch
der Milcheimer war immer noch leer!
Arturo den Knecht, hat sie noch nicht vernommen,
sie stöhnte so sehr, als wurde es ihr kommen.
Auch Arturo der Knecht war sehr erregt,
er stand da ganz Stil und hat sich nicht bewegt.
Nun ließ er seine Hose runter und zupfte sein Glied,
mit der rechten Hand ganz munter.
Zieh zieh, das heißt wohl ja, es war ihr gekommen,
Ihre Ritze hat bestimmt geschwommen!

Auch Arturo fing an zu spritzen, das war ein Schuss,
das musste sitzen,
Er tat ihr genau, in den Nacken spritzen!
Jetzt erst hat sie den Knecht vernommen, als sie den
Schuss hat abbekommen!
Es war noch warm auf Ihrem Nacken, nun wollte sie
sich Arturo packen!
Der Hocker fiel um, Luisa lag Im Mist, die Beine
gespreizt, wie das so ist.
Arturo der freut sich, nun aber ran!
Auch Luisa die freute sich, sie hatte nun endlich
einen Mann, der auch noch so gut vögeln kann!
Nie wieder wird gevögelt im Mist, denn das ist doch
klar, weil das mit dem Hocker reiner Zufall war!

22. August 1998

Der Spanner

Robert war ein Spanner in den mittleren Jahren,
richtige Liebe hatte er nie erfahren.
Eine Frau hatte er nie besessen, doch wenn er nur an
eine dachte hat er um sich alles vergessen,
dann holte er aus dem Schrank sein Fernglas raus,
aber zuerst zog er sich seine Hose aus.
Nun schaute er mit seinem Nachtglas gegenüber ins
Fenster,
seine Objekte bewegten sich im schummer Licht wie
Gespenster.
Es waren Agnes und Lote, zwei lesbische Frauen, was
er jetzt sah wollten seine Augen nicht trauen.
Agnes setzte sich auf einen Hocker und Lote strei-
chelte, die Agnes ganz locker.
Robert kannte die beiden ganz genau, Lote war vom
Heins, seinem Nachbarn die Frau!
Die Agnes, die kannte er sogar sehr genau, denn das
war von seinem Bruder die Frau!
Robert dachte, was für ein Glück er doch hatte
und er stöhnte und er streichelte, mit einer Hand
seine Latte.
Lote kniete nun vor Agnes nieder und sie streichelte
die Agnes immer wieder.
Nun machte Agnes, die Beine breit, das bedeutete
wohl sie ist zum lecken soweit!
Robert fing nun so laut, an zu stöhnen! Oh Lote oh
Lote, du sollst die Agnes verwöhnen.
Lote fing nun wirklich an zu lecken und es sah so
aus als würde es ihr schmecken!

Sie schaute Agnes mit verklärten Augen an als wollte
sie sagen, Ich will nur dich und keinen Mann!
Robert der dachte nun an seine Schwägerin und es
kam ihm so sehr,
als wäre er in ihrer Spalte drin!

Auch bei Agnes sollte es jetzt wohl kommen,
denn sie hatte den Kopf von Lote, ganz fest in ihre
Hände genommen!
Sie hat ihn ganz fest an ihre Möse gedrückt, Ja sie
war vor Geilheit Total verrückt.
Robert war zufrieden und schlapp wurde seine Latte
und er grinste dabei
wie gut das keiner wusste,
was für ein Geheimnis er doch hatte!

2. September 1998

Erotisches per Telefon

Einmal in der Woche brauchte er Sex,
dann wählte er die Nummer 105506.
Da war er dann immer mit Rosi verbunden,
in Gedanken war er dann schon bei den Brüsten,
den Runden!
„Hallo hier ist Rosi, die mit der feuchten Dose."
Nun stöhnte er in den Hörer rein und er nippte da-
bei, an seinem Glas Wein.
ja hier ist Günter, kennst du mich noch. erzähl mir
doch bitte über dein feuchtes Loch.
Ja süßer Günter, ich weiß Bescheid, ich mache jetzt
meine Beine breit!
Günter strahlte übers ganze Gesicht, nun massierte
er seinen kleinen Wicht.
Oh geile Rosi, mir wird es gleich kommen, Ich habe
ihn in die andere Hand genommen.
In die rechte Hand, das ist doch klar, weil die linke
Hand zu langsam war.
Oh ja er wird jetzt spritzen, Ich denke dabei an deine
Ritzen!
Nun süßer Günter, jetzt kannst du wohl strahlen,
jetzt denke auch mal ans bezahlen!
Fünfzig Mark sollst du mir überweisen, du kennst
dich doch aus mit meinen Preisen!
Günter der konnte es nicht wissen, er wurde beim
Sex ganz Doll beschissen,
denn diese Rosi, das war ein Mann, was man beim
Telefonsex nicht wissen kann.

Denn diese besagte Rose hatte selber einen Steifen in
der Hose,
denn dieser Mann, verdiente nicht schlecht, er gr-
inste und dachte, dass geschieht dir recht.
Die Moral von der Geschichte, traue einer Stimme
nicht.
Zupf dir deinen kleinen alleine, wenn es dir gefällt
und du sparst dabei, auch noch sehr viel Geld!

4. September 1998

Erotisches am frühen Morgen.

Schon am frühen Morgen sollte er es ihr besorgen!
Sie war noch feucht, von der letzten Nacht.
Sie ging noch nicht, einmal duschen, was man sonst
doch macht.
Sie hatte gerade die Brötchen aufgeschnitten und aus
ihrem Morgenmantel, rutschten ihre Titten!
Nun setzte sie sich auf seinen Schoß
und er musste schlucken so als hatte er im Hals
einen Kloß.
Er mochte gar nicht dran denken, dass sie schon
wieder wollte
und er es ihr, am frühen Morgen besorgen sollte und
trotzdem fing sein Penis an zu zucken,
denn er musste genau auf ihre Brüste gucken.
Sie hatte gar kein Höschen an und sie sagte zu ihrem
Mann
zieh bitte deine Hose aus und steck ihn rein in meine
Maus!
Sie küsste ihn so wild wie noch nie, dann stand sie
auf und sie ging machen Pipi.
Als sie nun war vom Klo gekommen hat er sie in den
Arm genommen.
Nun setzte sie sich, auf den Tisch und sie roch etwas,
so nach Fisch!
Hast du dich denn nicht gewaschen?

Nein mein Schatz, du sollst mich heute so vernaschen.
Das macht mich an, das macht mich geil, steck lieber
rein deinen liebes Pfeil!

Ja mein Schatz, ich werde es dir zeigen, du möchtest
nie wieder Früh morgens geigen.
Wenn du schon so riechst du geiles Schwein, dann
steck ich ihn dir in den After rein!
Da fing sie höhnisch, an zu lachen. Ach bitte doch,
du sollst es machen!
Das hatte er nun nicht gedacht und wurde wild und
hat es gemacht.
Oh Mann, so schön ist es noch nie gewesen, das
machen wir jetzt öfter, du Geiler Besen.
Nun hat sie sich, ganz fest um ihn geschlungen und
sie sagte mein Schatz, das ist dir gelungen.
Mein geiler Stinker, ich werde nie wieder, ein Mor-
genmuffel sein.
Wenn du es nur willst, dann steck ich ihn rein!

15 September 1998

Auf dem Damenklo

Gerhard war wirklich ein stattlicher Mann,
doch er hatte ein Laster, er zog sich gerne Frauen-
kleider an.
Schon wenn er nur an Frauenkleider dachte,
sein kleiner Freund in der Hose Freudensprünge
machte.
Er war dann immer so erregt und er hat sich sofort
auf eine Toilette zu bewegt,
meistens ist er in ein Kaufhaus gegangen, da konnte
er stillen sein verlangen!
Da ging er sofort auf ein Damenklo, nun war er
glücklich da war er froh.
Nun hat er sich erst einmal eingeschlossen und er
zog sein Damenhöschen aus, unverdrossen!
Nun hat er gewartet, bis eine Frau ist gekommen und
hat seinen Penis, schon in die Hand genommen.
Nun musste, auch Agneta auf die Toilette,
Sie hatte etwas Kopfweh und nahm eine Tablette!
Nun musste sie auch noch ihre Notdurft verrichten.
Sie musste so sehr, darauf konnte sie wirklich nicht
verzichten.
Sie zog sich ganz schnell, ihre Schlüpfer aus und
pinkelte sich so richtig aus!
Dieses Geräusch mochte Gerhard so sehr und dachte
Pinkel du dich erst einmal leer.
Doch was war denn das, Agneta fing leise an zu
stöhnen, sollte sie ihn so sehr verwöhnen?
So etwas Schönes hatte er noch nie erlebt, sein gan-
zer Körper hat gebebt.

Jetzt fing sein Penis an zu spucken auch er stöhnte
ganz laut, so schön war das Jucken.
Dieses hat die Agneta nun auch gehört und sie
wurde ganz rot und war verstört.
Denn so Doll ist es ihr auch noch nie gekommen
und sie hat ihren Finger in den Mund genommen.
Vor lauter Wollust, das ist doch klar, weil es bei ihr
noch nie so war!
Die beiden Türen gingen auf und sie schauten sich an,
was Agneta nicht wusste, der Gerhard war ein
Mann!
Sie verließen beide zusammen den Raum
und waren beide, so glücklich man glaubt es kaum.

20. September 1998

Erotisches am Wochenende

Samstagabends, so kurz nach Zehn, da fing sein
Penis an zu stehen.
Mein Frauchen setzte sich auf meinen Schoß.
Ich fragte sie, ganz scheinheilig, was ist mit dir los?
Ich habe so getan, als würde ich nicht wollen,
doch in Wirklichkeit war mein Schwanz schon ge-
schwollen!
Schau mein Süßer im Fernsehen gibt's Erotik pur,
das macht mich so an und du bist so stur.
Nun zog sie sich ihre Bluse aus und holte ihre Brüste
raus!
Ich nuckelte nun an ihrer Brust und fragte sie, hast
du den auch Lust?
Sie fing mit ihrem Köpfchen an zu nicken, da sagte
ich komm lass uns Ficken!
Sie lachte jetzt und sagte, erst hast du keine Lust und
nun nuckelst du an meine Brust.
Nun konnte auch ich mir das Grinsen nicht verknei-
fen und sagte zu ihr
„Ich habe schon lange einen Steifen!"
Nun zogen wir beide uns die Hosen aus und sie
setzte sich auf meinen Klaus.
Er rutschte rein ohne ihn zu befeuchten, so nass war
sie und ihre Augen fingen an zu leuchten.
Nun fingen wir beide an zu stöhnen und sie sagte
mein Schatz du sollst mich richtig verwöhnen!
Fünfzehn Minuten haben wir so gesessen und vor
Wonne um uns alles vergessen.

Oh mein Liebling, es kommt mir so Doll, spritze mir
schnell meine Muschi voll!
Oh ja mein Schätzchen, Ich liebe dich so sehr, ich
spritze nun meinen Pimmel leer.
So schön kann der Samstagabend sein,
wenn man zu zweit ist
und nicht allein.

1. Oktober 1998

Der alternde Herr und die junge Frau

Er war schon so, in den siebziger Jahren,
doch so richtigen Sex hatte er noch nie erfahren!
Er ist immer ein Junggeselle gewesen.
Er wollte nie eine Frau, das passte nicht zu seinem
Wesen.
Nun ist er zum ersten Mal nach Thailand geflogen,
da hat er begriffen, er hat sich immer nur betrogen!
Natürlich mit Sex, wie er es jetzt erkannte,
weil früher sein Körper nicht so nach verlangte.
Doch jetzt, im hohen Alter, sollte er doch noch Sex
erfahren,
denn er lernte sie kennen, eine Frau von jungen
Jahren!
Sie hatte den Alten Herrn angesprochen und plötz-
lich fing sein Herz an zu pochen.
Wie konnte so etwas nur geschehen, sogar sein Penis
fing an zu stehen!
Er konnte nur zwei Worte verstehen, Ficki Ficki und
schlafen gehen.
So hatte sie ihn angesprochen, er glaubte erst sie
hätte sich versprochen.
Nun sagte sie auch noch Hotel, er hat es noch nicht
begriffen, es war doch noch so hell.
Aber nun sollte auch er es begreifen, denn sie griff
nach seinem Penis, den steifen!
Er konnte die Welt nicht mehr verstehen was sollte
da mit ihm geschehen?
Nun hat sie ihn, an die Hand genommen und ihn
mit ins Hotel genommen!

Zwanzig Dollar hat sie nun gesagt, er hat bezahlt
und er hat nicht mehr nachgefragt.
Im Hotelzimmer, da setzte sie sich, auf seinen Schoß
und schon in der Hose,
wurde er seinen Samen los!
Der Alternde Mann, war überreif und sein kleiner
Penis war nicht mehr steif.
Er dachte warum soll ein alternder Mann, Keinen
Orgasmus kriegen?
Er hat beschlossen nächstes Jahr wieder nach Thai-
land zu fliegen.
Für ihn war es schön, das wird er nicht so schnell
vergessen!
Und er hat schon, auf dem Heimweg,
im Flugzeug gesessen.

10. September 1998

Erotisches Landleben!

Mara war ein geiles Luder, wenn es in ihrer Möse
juckte verführte sie sogar ihren Bruder!
Das ist doch Inzest, könnte man hier meinen aber
was sollte sie machen,
wenn es ihr juckte, zwischen den Beinen?
Mara war Zwanzig, sie wohnte in einem kleinen
Dorf bei Danzig!
Da gab es wenige männliche Wesen, deswegen pro-
bierte sie es auch Mit einem Besen.
Im Sommer da brauchte sie nicht zu leiden, da nahm
sie eine Gurke, sie war ja bescheiden.
Iwan das war Maras Bruder, der war in Wirklichkeit
ein abgebrühtes Luder.
Das was Mara mit ihm machte ließ er einfach mit
sich geschehen,
denn er hatte ja auch immer einen stehen.
Aber wie das auf dem Lande so ist, war Iwan gerade
auf dem Acker und streute Mist.
Da kam Mara angerannt und nahm Iwans Vorken-
stiel in die Hand.
Iwan tat wieder so als wäre er erschreckt und hat
seinen Stiel in Maras Jauchengrube gesteckt.
Nun wälzten sie sich im Mist auf dem kalten Acker
und Mara war froh,
hatte sie doch endlich wieder einen richtigen Hacker.
Sie stöhnten beide und Iwans Stiel war leer!
Mara war zufrieden, sie ging nachhause was sollte sie
auch mehr?
Sie taten beide so als wäre nichts geschehen.

Iwan grinste, zog seine Hose hoch und er hatte im-
mer noch einen stehen.
Wenn man geil ist, dann ist wohl alles Recht?
Sie waren doch beide zufrieden
und sie fühlten sich dabei nicht schlecht.

d.24.11.1998

Das namenlose Geilchen

Zwischen Pinneberg und Hauptbahnhof in der S3 ist
es gewesen.
Morgens um Fünf, ich war gerade beim Zeitung
lesen.
Sie saß im letzten Wagen in Klasse zwei.
Ich blätterte in meiner Zeitung und dachte mir
nichts dabei, als das namenlose Geilchen
ihre Beine spreizte und den Finger steckte in ihr
Veilchen! Wir waren in dem Abteil alleine,
ich legte gerade meine BILD beiseite und da sah Ich
ihre gespreizten nackten Beine.
Aber was war denn das, ich konnte es selber nicht
begreifen.
So früh am Morgen bekam Ich einen steifen! Aber
ganz ehrlich, sie hat mich gar nicht wahrgenommen
und sie hat ihren Finger, immer wieder, in den Mund
genommen.
Was war denn jetzt auf einmal los, nun legte sie ihre
Beine auf meinen Schoß.
Nun hat sie mich ja doch entdeckt, man könnte nun
meinen, sie wäre erschreckt.
Aber nein, so ist es nicht gewesen.
Nun fing sie an zu zucken, das geile Wesen. Ihr
könnt es glauben, das war wirklich echt gewesen.
So holte auch Ich ihn raus, meinen großen Hecht
und habe ihn in die Hand genommen
und siehe da, er ist sofort gekommen.
Das Geilchen hörte auf zu zucken und ich hörte auf
zu spucken.

So schön ist es noch nie gewesen und ich fragte das
geile Wesen
ob wir uns mal würden wieder sehen?
Sie hat nur mit der Schulter gezuckt, denn sie konnte
überhaupt kein Wort Deutsch verstehen.
Am Hauptbahnhof ist sie ausgestiegen, Ich fuhr
noch bis Veddel und ließ meine Bildzeitung liegen,
denn sie lag auf dem Fußboden auf einem klebrigen
Fleck.
Mich hat es nicht mehr gestört, ich war ja weg!

16. Februar 1999

Das feuchte Loch

Du hast das schönste Loch der Welt und weil du das
weist, verlangst du dafür Geld.
Das wusste auch Robert sehr genau, darum ging er
zweimal Im Monat, zu dieser Frau.
Denn mehr konnte er sich auch nicht leisten , doch
wenn er dann bei Rosi war,
dann war er wenigstens am geilsten.
Er konnte der Rosis Loch genau , es hat etwas gero-
chen und es war etwas blau!
Doch wenn er bei ihr war, dann war er sehr froh,
leckte er ihr doch das Loch und auch den Po.
Es war wirklich nicht übertrieben auch Rosi fing an
dieses Spiel zu lieben.
Sie sagte zu Robert prompt, du bekommst auch Ra-
batt, wenn es bei mir kommt.
Das war sehr selten, das könnt ihr glauben, das tat
sie nur dem Robert erlauben.
Nun war der Robert so sehr erregt und hat die
Zunge noch schneller bewegt.
In Rosis Loch wollte er seinen Penis nicht stecken,
bloß das nicht er mochte ganz einfach nur lecken.
Nun ehrlich, Ihr könnt es schon ahnen, Robert dufte
In Rosies Mund spritzen, seinen Samen.
Nun war er seinen Samen los und der Rest tropfte
auf ihren Schoß.
Als er die Rosi nun bezahlte und Robert vor Wonne
immer noch strahlte.
Auch Rosi zitterte immer noch, aber Robert dachte
schon Vierzehn Tage weiter.

Tschüss Rosi, ich freue mich schon auf dein feuchtes
Loch.
Er war so froh und er freute sich schon,
auf das feuchte Loch und den Po.

11. Mai 1999

Das Pfeifenspiel

Für die Pfeife braucht der Mann, eine Möse dann
und wann.
Hat er den Geschmack mal auf der Zunge, heißt es
gleich der raucht doch Lunge!
Eine Pfeife muss man kräftig saugen, kommt dann
nur Luft, soll sie nichts taugen.
Ist eine Pfeife mal verstopft, dann pass bloß auf, das
sie nicht Tropft!
Dann hast du einen Tripper dir eingefangen und du
hast ein Brennen in dem Rohr, dem Langen.
Das lag dann nur an dieser Möse, da kann man
nichts machen, nun sei bloß nicht böse!
Hast du bald wieder einen steifen, dann warte nur
ab, dann lass ihn nur richtig reifen.
Nimm die Pfeife in die rechte Hand und reibe ganz
kräftig und spritze an die Wand!
Jetzt ist die Pfeife so richtig genesen und du kannst
wieder Ficken, so als wäre nichts gewesen.
Pack deine Pfeife in einen Gummi Beutel rein und
du kannst wieder in jede Möse rein!
Ist das nicht fein?

25. Mai 1999

Das erotische Fahrrad

Anno 1918

Als junges Mädchen hatte sie ein Laster, sie fuhr
gerne Fahrrad auf dem Kopfsteinpflaster!
Der Fahrradsattel war sehr luxuriöse, der passte
genau in ihre Mös'.
Einen Mann konnte sie leider nicht finden, nicht
einmal einen blinden.
Sie war doch erst zwanzig, aber ihre Möse roch im-
mer etwas ranzig.
Sie hatte zwar einen großen Busen, aber die Männer
wollten nicht mit ihr schmusen.
Übrigens so ein Fahrrad wie sie es hatte, das hatte
nicht jeder, denn der Sattel war aus reinem Leder!
Wen sie dann hat auf dem Sattel gesessen, dann hat
sie alles um sich vergessen.
Aber der Sattel war schon sehr verschlissen, das kam
wohl auch vom vielen pissen!
Denn Sie war zu faul vom Fahrrad zu steigen, sie
wollte nur mit dem Fahrrad geigen,
denn das gehoppel auf dem Pflaster, das war ja ihr
Laster.
Nun wollt ihr sicher ihren Namen wissen? Sie war
die, die Tat auf dem Sattel pissen.
Hallo ihr Männer, seid ihr nicht böse, sie war Su-
sanne mit der stinkenden Möse!!

1. Juni 1999

Die Latte und das Loch

Anweisung für das Tiefbauamt

Für eine Latte das musst du begreifen, da braucht
man einen großen Steifen.
Willst du ein tiefes Loch mal messen, dann muss die
Latte steif sein, sonst kannst du es vergessen!
Feucht und schmierig muss das Loch aber sein, sonst
passt die Latte da nicht rein.
Jetzt musst du die Latte in das Loch reinstecken, nur
so kannst du die Tiefe auch entdecken.
Nun schiebst du die Latte hin und her, bis du
merkst, tiefer geht es nicht mehr.
Vom vielen messen ist die Latte so richtig heiß, nun
bekommst du für deine Arbeit einen Preis.
Die Latte wird nun gleich explodieren und du wirst
das Loch noch mal so richtig schmieren.
Willst du noch einmal ein Loch vermessen, dann
denke dran du darfst die Steife Latte nicht vergessen!
Achtzehn Zentimeter ist so ein Loch meistens tief,
nun pass bloß auf das die Latte steif bleibt, sonst geht
das Messen schief!

16. Juni 1999

Der Schüler und die Lehrerin

Klaus war Siebzehn und noch unerfahren, die Lehre-
rin war so in den mittleren Jahren.
Seine Noten, die waren ziemlich flau, das wusste
seine Lehrerin ganz genau.
Ich muss dir privaten Unterricht geben, sonst hast du
es schwer in deinem Leben.
Du kommst heute Nachmittag zu mir und dann
lernen wir.
Pünktlich um Vier ist er auch gekommen,
Sie hat Ihm gleich seine Jacke abgenommen.
Was Klaus hat beim kommen noch nicht gesehen,
Sie tat im durchsichtigem Nachthemd vor ihm stehen!
Als er das sah, war er sehr erregt, nun hat sich seine
Lehrerin auf den Fußboden gelegt.
Sollte das, der Unterricht wohl sein, denn sie steckte
einen Finger in ihre Möse rein!
Knie dich nieder lieber Klaus, aber ziehe vorher
deine Hose aus.
Das hat er auch gemacht, aber warum hat sie nur so
gelacht?
Er war noch Jungfer, das hat sie wohl gesehen,
denn sein kleiner Pimmel wollte gar nicht richtig
stehen!
Nun hat sie ihn in die Hand genommen und er hat
sofort, einen richtigen steifen bekommen.
So Klaus, das nennt man Mengenlehre Unterricht.
Mich zu Ficken das ist sogar deine Pflicht!
Ich werde dich jetzt unterrichten, wenn du ihn in
mir drin hast, das nennt man dichten.

Oh Frau Lehrerin, bei ihnen ist es ja so nass!
Oh ja das nennt man, es ist voll das Fass.
Nun Klaus, der Unterricht ist nun vorbei, jetzt hast
du erst mal Zwei Tage frei.
Ist in Ordnung Frau Lehrerin, aber wenn ich wieder
komme, dann lass ich Ihn viel länger drin!
Ja Klaus das ist sogar deine Pflicht,
denn das nennt man Mengenlehre Unterricht!

1. Oktober 1999

Die Schwulen!

Hallo ihr euch liebenden Männer!
Seid ihr schwul, na und das Ist doch cool.
Schwul zu sein ist doch keine Schande, das stärkt bei
Männern erst recht die Bande.
Das können viele Menschen nicht Verstehen, wenn
zwei Männer Händchen haltend spazieren gehen.
Die sind doch schwul, hört man sie rufen, die sollten
sich doch lieber Frauen suchen!
Es sind meist wirklich hübsche Männer, sie sehen
doch nicht aus wie Penner.
Doch meistens vergreifen sich diese Ignoranten im
Ton, lasst sie doch in Ruhe, was soll das schon?
Diese Menschen wollen doch auch nur glücklich
sein, lasst sie doch zufrieden, seht das doch ein!
Jeder Mensch ist seines Glückes Schmied, haltet nur
zusammen und habt euch lieb.
Piep! Piep! Piep!

29. September 1999

Brief an einen Schwulen

Ich liebe dich mein lieber Hans, für mich hast du
den größten Schwanz!
Dies sagt dir dein lieber Kalle, der dich liebt in
jedem Falle.
Oh du mein liebes Hänschen, wenn ich an dich
denke,
vollführen in meinem After die Hämorriden Tänz-
chen.
Ach mein lieber Hans, gestern habe ich Franz ge-
troffen!
Er sagte er liebt mich, Ich glaube er war besoffen.
Es war bei Carlo, in seiner Schenke.
Mir wird schon ganz übel, wenn ich nur daran
denke!
Ich hatte Durst und wollte nur ein Bierchen trinken,
aber der Franz tat so furchtbar stinken.
Aber Hans, sei jetzt bloß nicht böse, du kennst doch
Franz,
das ist der mit dem Penis und der kleinen Möse!
So Hans, in Erwartung das wir uns bald wieder
sehen,
wichse ich mir jetzt einen, denn ich hab einen stehen.
Dabei Hans, denke ich nur an dich.
Dein lieber Kalle, ich liebe dich!
Ich träume von dir, mein liebes Hänschen.
Und spüre in mir, dein großes Schwänzchen!

30. September 1999

Sex Gedanken eines alten Mannes

Er schaut in den Spiegel, ganz verträumt,
hat er vielleicht etwas versäumt?
Spieglein Spieglein an der Wand,
was hat er da für eine Pelle in der Hand.
Aber würde er ein junges Mädchen sehn,
da würde er vielleicht Einmal wieder stehen.
Doch jetzt bei seiner alten Kuh,
Sie will nicht mehr, er hat seine Ruh.
Doch früher ist es andersrum gewesen,
sie wollte immer sein alter Besen.
Nun geht er zurück mit seinen Gedanken
und muss zwischen Gestern und Heute wanken.
Da war er jung und auch noch schön
und sein Pimmel konnte immer stehen.
Er kann das alles nicht begreifen,
vor zwei oder drei Jahren hatte er noch einen Steifen.
Einmal im Monat hat es da noch geklappt,
wo er seine Alte ganz wild noch hat gepackt.
Da musste er sie sogar noch lecken
und er denkt zurück es tat ihm sogar schmecken.
Und heute steht sein Glied nicht mehr,
denn seine Alte will nicht mehr.
Doch würde er ein junges Mädchen sehn,
dann würde er vielleicht noch einmal stehen.
Die Wirklichkeit ist hart!

5. März 2000

Die Schlampe

Ihr braucht wirklich nicht zu fragen,
ihre Höschen hat sie wirklich Sechs Tage getragen!
Sie war wirklich ein hübsches Mädchen,
aber im Kopf fehlten ihr ein paar Rädchen.
Ihr Freund sagte sie solle sich bloß nicht waschen,
er möchte sie lieber stinkend vernaschen!
Lieschen hieß das schlampige Luder,
bei ihr half kein Sprühen und auch kein Puder.
Alfred, das war ihr trotteliger Freund,
er hat nur von Lieschens stinkender Möse geträumt.
Die Beiden hatten sich wirklich gesucht und gefunden,
denn Lieschens Gestank hat sie beide verbunden.
Wenn bei Alfred es kam,
dann schrie er vor Wonne.
Mein Lieschen, mein Lieschen, leg dich morgen
nackend in die Sonne,
so stinkst du noch besser, du geiles Luder.
Denn morgen kommt Hans,
dann fickt dich auch mein Bruder!
Dann leck ich dir die Möse aus,
das macht mich noch geiler du stinkende Maus
Auch Lieschen mochte das alles so sehr
und dachte im Stillen ich wasch mich nie wieder
mehr!

22. März 2000

Die Kneipe

Männer saßen in einer Kneipe, vor einem Tresen,
sie unterhielten sich über weibliche Wesen.
Franz fragte Herman wie das so gewesen sei,
denn er hatte doch am Wochenende frei!
Ja ich hatte Chiara zu Besuch,
das war kein Segen, das war ein Fluch.
Dreimal musste ich Chiara lecken
und sie sagte dann noch, komm lass uns spielen
verstecken.
Dann rief sie kichernd, du musst mich suchen und
entdecken,
dann darfst du mich auch weiter lecken!
In dieser Zeit bin ich nicht einmal zum Schuss ge-
kommen,
aber dann, Oh weia, hat sie ihn in den Mund ge-
nommen.
Sie sagte zu mir, du bist jetzt so scharf
und das ich bei ihr in den Mund spritzen darf!
Ich hatte noch nicht einmal leer geschossen,
da kicherte sie wieder unverdrossen.
Mir war bestimmt nicht mehr zum Lachen,
als sie sagte, ich soll es bei ihr noch einmal machen!
Und du fragst wie das Wochenende gewesen sei?
Ich hätte lieber gearbeitet, aber ich hatte ja frei.
Aber jetzt konnte Herman sich das Lachen nicht
verkneifen
und er bekam auch sofort einen steifen!
Aber Franz jetzt fresse ich einen Besen,
bei mir ist die Chiara am Freitagabend auch gewesen.

Ich habe sie auch gefickt und auch geleckt,
aber dass sie so geil ist, das hat mich erschreckt.
Ich bin jedenfalls auf meine Kosten gekommen,
aber dich hat sie ja so richtig rangenommen!
Alles im allem mein Abend war nicht schlecht,
aber das sie noch bei dir war das geschieht dir recht.
So sind Männer!

23. Juni 2000

Der Wassersteife

Morgens, wenn die Sonne auf geht, dir der Pimmel
noch am stärksten steht.
Wassersteifen nennt man das!
Bei einer Frau ist die Möse,
dann besonders nass.
Dann solltest du die Situation sofort auch nutzen
und deine Frau sofort verputzen!
Du steckst deinen Wassersteifen rein
und du wirst sehn, so schön wird es nie wieder sein.
Nun kannst du aber was erleben,
denn deine Frau ist total dagegen.
Sie fängt sofort auch an zu jammern,
das macht dich an, du tust dich klammern!
Aber dann kommt sie doch in Fahrt,
sie fängt an zu stöhnen, ist der heut schön hart.
Das hätte er nun nicht gedacht.
Was so ein Wassersteifer macht!
Sie bewunderte seinen schönen
und fing noch an noch heftiger zu stöhnen!
Nun konnte auch er seinen Samen nicht mehr halten
und spritzte voll rein, bei seiner Alten!
Aber ganz ehrlich, wer hätte das gedacht?
Was so ein Wassersteifer macht!
Denn morgens, wenn die Sonne aufgeht,
der Pimmel noch am stärksten steht!

6. November 2000

Das Tanga Höschen

Ich möchte dein Tanga Höschen sein,
dann passte ich so gut in dein Möslein rein.
Ich saugte mich voll mit deinem Saft,
dass würde mich stärken, davon bekäme ich Kraft.
Es darf natürlich keine alte Möse sein,
denn dafür ist ein Tanga viel zu fein.
So eine siebzehn Jährige Dose,
dazu passt auch die Tanga Hose.
Aber erst muss man dieses Möslein reizen,
dabei soll sie ihre Beine spreizen.
Nun kannst du dieses Möslein massieren,
dabei wird sie Mösensaft produzieren.
Dieser Saft saugt dann die Hose voll
und das finden Geile Männer toll!
Dann ist er am schnuppern und inhalieren,
sein Glied ist schon am vibrieren und tut schon Sa-
menflüssigkeit verlieren.
Jetzt kommt er gleich zum großen Schuss,
es hat ihm gefallen, es war ein guter Samenerguss!
Und nun ist Schluss.

11. Februar 2010

Über Mich

Mein Name ist Wolfgang Fritz Fischer,
Ich bin 1936 in Königsberg Ostpreußen dem heutigen Kaliningrad geboren.
Seit 1970 bin ich in zweiter Ehe verheiratet, habe drei Kinder
und man nennt mich den Schreibendencowboy
Warum?
Weil ich schon immer in Cowboyklamotten rumgelaufen bin
und weil ich tatsächlich in Litauen Kühe gehütet habe.
Dann kam es, dass ich Anfang 1984 anfing, Gedichte zu schreiben.
Auch habe ich meine Kindheitsgedanken aufgeschrieben und einige Kindergeschichten geschrieben,
so das ich bis 1998 genug Manuskripte zusammen hatte um ein Buch veröffentlichen zu können.
Und weil ich nun mal wie ein Cowboy aussah, kam eine Pressereporterin auf die Idee, dass ich der schreibende Cowboy sei!
Und deswegen Derschreibendecowboy.
Mein erstes Buch hieß, Vom Wundersamen Wesen Mensch.
Hatte 64 Seiten, es wurde 2003 im Juli eingestellt.
Ich habe, im Jahre 2004 dieses Buch neu aufgelegt und es kamen viele neue Seiten dazu.
So das es, ein beachtliches Buch von 194 Seiten wurde.

Es heißt wieder, Vom Wundersamen Wesen Mensch
- So ist das Leben.
Es beinhaltet mehr als 100 Gedichte, Geschichten
für groß und klein.
Und aus meiner Kindheit, die Restgedanken.
Und eine kleine Autobiografie, bis zum Jahr 2002.
Es ist Ende 2006 vom Markt genommen worden, da
der Verlag Insolvent gegangen ist,
es wurde im Mai 2007, auf Grund von Leser anfragen vom
Verlag Books on Demand GmbH neu Aufgelegt.
Und jetzt kommt auch noch Erotisches dazu, es sind Kurzgeschich-
ten in Reimen gefasst.